Komm mit!

Mit Comics kann man lesen lernen!

Liebe Eltern,

Sie haben mit Ihrem Kind, als es klein war, Bilderbücher angeschaut. Sie haben erzählt. Ihr Kind hat erzählt. Bilder sind schließlich leicht zu lesen. Viel leichter als Schrift!

Dann kommt die Phase, in der Ihr Kind Lust bekommt richtig zu lesen. Doch vor allem am Anfang schrecken Kinder oft vor Seiten mit viel Schrift zurück.
Das ist wie ein Berg, der ihnen zu hoch erscheint.

Wenn Bilder zeigen, was geschieht, vertiefen sich Kinder gerne in Geschichten, auch wenn sie noch gar nicht richtig lesen können. Geschichten in Bildern sind älter als die Schrift. Moderne Bildergeschichten, die Comics, verbinden beides: Bild und Schrift.
Was passiert, kann man auf den Bildern sehen. Was die Figuren sagen und denken, würde das Kind zu gerne wissen ...

Wenn Ihr Kind möchte, daß Sie vorlesen – auch gut!
Es wird nicht lange dauern, und Ihr Kind liest beides: die Bilder und den Text.

Prof. Dr. Manfred Wespel,
lesedidaktischer Berater des
KÄNGURU-Programms.

Daniela Kulot-Frisch

Das Gespenst im Gurkenglas

arsEdition

Die Deutsche Bibliothek – CIP-Einheitsaufnahme
Kulot-Frisch, Daniela:
Das Gespenst im Gurkenglas / Daniela Kulot-Frisch. -
München : Ars-Ed., 1996
(Känguru : Mit Comics lesen lernen)
ISBN 3-7607-3732-3
NE: HST

Didaktische Beratung: Prof. Dr. Manfred Wespel
Nach den Regeln der neuen Rechtschreibung

Gedruckt auf umweltfreundlichem Papier ohne Chlorbleiche

02 01 00 99 98 97 1 2 3 4

Ausstattung und Herstellung: arsEdition, München
Titelbild und Innenillustrationen: Daniela Kulot-Frisch
Titelvignette: Carola Holland
Einbandgestaltung: Ralph Bittner
Lektorat: Sabine Rahn
Printed in Germany · ISBN 3-7607-3732-3

Willi findet Gespenster super.

Er sammelt alles,
was mit Gespenstern zu tun hat.

Dafür gibt er sein ganzes Taschengeld aus.

Das verstehen seine Freunde gar nicht.

Sogar nachts träumt Willi davon, einem richtigen Gespenst zu begegnen.

Eines Nachts kann Willi nicht einschlafen.
Ich habe noch Hunger.
Ich schau mal, was im Kühlschrank ist.

Der Kühlschrank ist fast leer.
Igitt, Gurken!
Was heißt hier igitt? Lass mich raus!
Mann, das kann doch nicht wahr sein! Was ist das denn?
Das siehst du doch! Ich bin ein Gurken-Gespenst!

Ein Gespenst habe ich mir immer ganz anders vorgestellt.
Ich bin der Gurkerich. Wer mich entdeckt ...
... muss sich auch um mich kümmern.
Klar. Gerne! Was muss ich tun?

Ich brauche jeden Tag ein frisches Gurkenglas.
Ich brauche viel Ruhe ...
... und jetzt möchte ich wieder schlafen.
Ich auch!

Und Willi träumt von all den tollen Dingen,
die er mit dem Gurkerich erleben wird.

So, wie es in den Gespensterbüchern steht.

Gleich am nächsten Morgen geht Willi Gurken kaufen.
Welches Glas nehme ich nur?
Am besten das billigste.
Draußen trifft Willi Lars, Martin und Simone.
EIS
O nein!

Hallo, Willi!
Was machst du mit dem riesigen Glas Gurken?
Bestimmt Gespenster füttern!
Hahaha!
Wenn die wüssten!

Denen werde ich es zeigen!
Die werden staunen!
Willi!

Wieso hast du dir Gurken gekauft?
Och ... zum Essen, Mama.
Komisch, Willi mag doch gar keine Gurken!

Guten Morgen, Gurkerich! Hier sind deine frischen Gurken.
Wird ja auch Zeit!
Wie die riechen!

Pfui Teufel!!!
Das sind wohl die billigsten Gurken, die es gab!
Da gehe ich nicht rein!
Kauf mir teure Gurken! In diesen werde ich ja wieder zu einer Gurke!
Bitte nicht!

Ich will doch mit ihm in ein Gespenster-Schloss fliegen!
Ganz schön teuer!

Aber Willi hat kein Geld mehr.
Er hat ja die teuren Gurken gekauft.

He, Willi,
seit wann magst du
kein Eis mehr?

Willi kauft sich
lieber Gurken!
Na wartet!

Gurken schmecken viel besser als Eis!
Viel besser!!!
Die solltet ihr auch mal versuchen!
?
?
?

Puuh!
Gurkerich, ich bin wieder da!
GURKERICH! Bist du etwa schon verhungert?
Keine Panik! Ich habe nur zu viel gegessen.

Die sehen besser aus!
Die sind prima!
Und jetzt möchte ich nicht mehr gestört werden.
Nach dem Essen muss ich schlafen.

Wie langweilig! Wann fliegt er mit mir?
klopf klopf
Wo sind denn die Gurken?
Äh, die sind aufgefressen, ich meine aufgegessen.

Dir wird noch schlecht werden!
Zu viele Gurken sind gar nicht gesund.
Zzzzzzz
Das Gefühl habe ich auch.

Am nächsten Tag gleich nach der Schule:
Willi hat schon wieder Gurken gekauft.
Die müssen ja toll schmecken.
Die sollten wir auch mal probieren.

Heute möchte Willi endlich
mit dem Gurkerich fliegen.
Hast du frische Gurken?
Na klar!
Wenn du satt bist, fliegen wir, ja?

Wieso fliegen?
Du bist doch ein Gespenst. Gespenster fliegen doch!
Ich glaube, du liest zu viele Gespensterbücher. Ich kann gar nicht fliegen.
Was? Du kannst nicht fliegen?

Kannst du mir kein Gespenster-Schloss zeigen?
Natürlich nicht! So etwas gibt es doch gar nicht!

Was kannst du denn eigentlich?
Essen und schlafen. So wie alle Gurkeriche.

Jetzt reicht's!
Endgültig!
Ich muss ihn wieder loswerden.

Und Willi weiß auch schon wie.
Ich bringe ihn zurück in den Supermarkt.
Los, kommt! Wir sehen mal nach, was für Gurken Willi heute kauft.

Tschüs, Gurkerich.
Viel Spaß noch!
He, was
soll das?

Ich glaube, das sind
die Gurken, die Willi
immer kauft.
Wie die wohl
schmecken?
Und jetzt will ich
ein Eis!

Willi sieht seine Freunde aus dem Supermarkt kommen.
Hm, das schmeckt!
Seit wann esst ihr denn Gurken?
Wir wollen nur mal probieren, wie die schmecken.
Wenn nicht, dann könnt ihr ja Gespenster damit füttern!
Ende

KÄNGURU Lesestufen-Modell

So macht Lesenlernen richtig Spaß – mit Büchern, die auf die unterschiedlichen Lernphasen zugeschnitten sind: 5 Lernschritte, 5 Buch-Reihen. »Kinder werden dann zu begeisterten Lesern, wenn Buch und Leseentwicklung zusammenpassen.«

Prof. Dr. Manfred Wespel, lesedidaktischer Berater des KÄNGURU-Programms

»Mit Comics lesen lernen«

NEU

2. Lesestufe ab 6 Jahre

- jeweils eine kurze lustig Geschichte für Leseanfänger
- mit frechen und witzige Comic-Elementen
- leicht lesbare Fibelschri

1. Lesestufe ab 5 Jahre

Erscheint im Sommer 1997

»Kinderroman« und »Krimi-Abenteuer«

5. Lesestufe ab 10 Jahre

- jeweils ein längerer packender Roman für begeisterte »Leseprofis«
- eingestreute Schwarzweiß-Illustrationen

»Leseabenteuer in Farbe«

4. Lesestufe ab 8 Jahre

- jeweils eine längere, spannende Geschichte
- große Schrift
- viele farbige Illustrationen

»Erste Geschichten zum Selberlesen«

NEU

3. Lesestufe ab 7 Jahre

- mehrere kurze Geschichten zu einem Thema
- klare Textgliederung als Lesehilfe
- sehr große Fibelschrift
- viele farbige Illustrationen

Alle hier gezeigten Bücher nach NEUER RECHTSCHREIBUNG!